I0697762

Macron - McKinsey :

Un scandale d'Etat silencieux ?

Fabrice François

Copyright © Mars 2022

Tous droits réservés

Ce livre est basé sur des faits réels… Rien de tout ce qui est écrit ici n'a été inventé, ou altéré d'aucune façon par l'auteur ou un quelconque groupe de pression ou guidé par des idées partisanes… Tous les éléments présentés sont vérifiables par des articles de journaux et autres sites de journalisme d'actualités de référence sur Internet.

Cet ouvrage est une contribution citoyenne et un travail journalistique pour raconter les faits pour s'approcher au plus près des événements qui se déroulent au cœur de notre République… Ayant travaillé dans la presse et aujourd'hui communicant, l'auteur est resté impartial, neutre et fidèle à la retranscription de la réalité des seuls faits soumis aux lecteurs, pour qu'ils puissent se faire leur propre opinion…

TABLE DES MATIÈRES

REMERCIEMENTS

A mon épouse Saraspadee, mes deux filles Yanna et Elsa ainsi qu'à mes parents et amis de France métropolitaine et d'outre-mer... Une petite pensée fraternelle également à mes trois collègues de travail, Samuel, Emmanuel et Marc André... Sans oublier Laurent, Yannick, Cyrille, Pascal, Benoît, Judex ainsi que tous les autres...

Introduction :

« *Nous avons la mission de nous assurer que chaque penny levé par l'impôt soit dépensé de manière sage et bonne.* »
Margaret Thatcher

Avec « l'affaire » du cabinet de conseil du géant américain McKinsey qui pourrait faire trembler le pouvoir, l'addition est salée au niveau de certaines sommes dépensées, avec de l'argent public balancé par les fenêtres selon les opposants d'Emmanuel Macron !

Responsabilité de l'Etat, possibles conflits d'intérêts : on patauge peut-être dans les histoires cachées et opaques de la Ve République...

Toute cette affaire a débuté avec la mise en place d'une commission d'enquête sénatoriale qui s'est immiscée dans les rouages de dispositifs de conseils "en matière grise" facturés aux ministères pour des sommes astronomiques par des cabinets privés...

Des cabinets conseils qui ont fortement, semble-t-il, influencé la mandature d'Emmanuel Macron.

Le rapport de la commission d'enquête sénatoriale n°578 sur le sujet jette un pavé dans la mare.

Les cabinets de conseil sont-ils devenus l'alpha et l'oméga auprès des décideurs politiques, totalement addicts au consulting ? Le gouvernement français a mis la main au portefeuille pour 2,4 milliards d'euros de dépenses en cabinets de conseil depuis 2018 (selon le dernier rapport du Sénat de mars 2022), et ce, au terme de quatre longs mois d'investigations.

Chapitre 1 - La commission lance un scud

« *Eviter de payer des impôts est la seule recherche intellectuelle gratifiante* »
John Maynard Keynes

Le 17 mars 2022, la commission sénatoriale lance un scud.

Parmi les directeurs de McKinsey France, l'un des responsables associés, Karim Tadjeddine, n'aurait pas honoré son serment de dire toute la vérité, et rien que la vérité devant les sénateurs qui l'interrogeaient le 18 janvier 2022.

Il aurait menti sur l'impôt sur les sociétés (IS) payé par McKinsey

France.

« *Je le dis très nettement : nous payons l'impôt sur les sociétés en France* », a affirmé le directeur associé et également responsable du Secteur public au sein de la succursale française de McKinsey & Company.

Cette déclaration de Karim Tadjeddine a été toutefois contredite par un article du journal *Le Monde*. L'article rapporte que le cabinet de conseil n'aurait pas été soumis au paiement de l'impôt sur les sociétés depuis 10 ans. Dans la foulée, le Sénat a saisi la justice, en application de l'article 40 du code de procédure pénale, pour suspicion de
faux témoignage.

Avec un chiffre d'affaires de 329 millions d'euros (dont environ 5 % dans le secteur public, soit quelque

16,5 millions) dans sa besace en 2020, le cabinet de conseil du géant américain ne serait donc pas passé par la case impôts sur les sociétés en France depuis au moins une décennie.

« Ces faits ont été étayés par deux contrôles sur pièces et sur place menés au ministère de l'Economie et des Finances », indique un communiqué du Sénat en charge de la commission d'enquête portant sur l'influence de plus en plus importante des cabinets de conseil sur les politiques publiques.

L'astuce pour ne pas payer d'impôts sur les sociétés en France entre 2011 et 2020 est simple à décrypter. La maison mère, l'entité d'origine de McKinsey France, est localisée dans le Delaware aux Etats-Unis, état américain accueillant, paradis fiscal en matière de fiscalité des entreprises et où l'impôt est très réduit. McKinsey doit seulement s'acquitter sur place d'un forfait fiscal évalué à 175 dollars par an.

Par de complexes rouages que l'on appelle « prix de transfert », le montage fiscal astucieux aboutit à transmettre des factures importantes à régler à sa filiale (ici française) pour diminuer du même coup ses bénéfices à zéro.

De façon pragmatique, l'entité mère McKinsey dans le Delaware émet des factures à McKinsey France.

Pour la filiale, les factures représentent des charges à déduire de leurs bénéfices d'exercice. En parallèle, ces mêmes montants sont équivalents à des produits qui vont se greffer aux bénéfices de la société mère de McKinsey basée dans le

Delaware.

Sous des apparences de légalité, le circuit mis en place peut poser problème, notamment si le système est appliqué principalement ou totalement, avec pour but final de se soustraire à l'impôt en France. Si le cas est avéré, c'est de l'abus de droit, donc en bout de course de la fraude fiscale...

Le rapport de la commission sénatoriale a jugé le procédé utilisé par McKinsey France comme « *un exemple caricatural d'optimisation fiscale* ».

Chapitre 2 - Phénomène tentaculaire

« Ne cherche point à briller par des dépenses déplacées, comme si tu ignorais ce qui est convenable et beau. Ne te pique pas non plus d'une épargne

excessive. Rien n'est préférable à la juste mesure qu'il faut observer en toutes choses. »
Pythagore

Les dépenses des ministères de la République se sont élevées à 893,9 millions d'euros en 2021. Ce montant faramineux est issu du rapport de la commission d'enquête.

Mais comment en arrive-t-on à mettre sur la table, avec l'argent des contribuables français de telles sommes, pour obtenir des conseils ?

Un rapport exhaustif de 361 pages détaillées, après avoir auditionné 47 personnes sous le sceau du serment et passer au peigne fin plus de 7 000 documents décortiqués pour l'occasion sous tous les angles : la conclusion est indigeste à la lecture.

Les dépenses de conseil ont été multipliées par deux depuis 2018 sous le quinquennat d'Emmanuel Macron. Pour ainsi culminer à quelque 894 millions d'euros en 2021.

Pour le président de cette commission d'enquête Arnaud Bazin (LR), le phénomène est décrit comme *"tentaculaire"*.

Car selon lui *« l'ensemble des politiques de l'Etat »* *est* assujetti à *« l'intervention de ces cabinets de conseil de façon exponentielle. »* De son côté, la rapporteure communiste du rapport, Eliane Assassi, plaide que l'action du gouvernement a souhaité voir installer une *« logique de réduction du nombre de fonctionnaires, qui peuvent être remplacés par des cabinets privés ».* *« Peu importe si cela coûte un pognon de dingue ».*

« *L'intrusion en profondeur du secteur privé dans la sphère publique* » est ainsi pointée du doigt...

Un rapport de McKinsey sur le métier d'enseignant et son évolution (avec notamment l'idée de rémunérer les professeurs au mérite) a été notamment rétribué 496.000 euros au cabinet privé américain sur l'argent des contribuables français. Une note de 200 pages a été pondue mais cette dernière ne s'est pas terminée en feuille de route ministérielle à suivre à la lettre.

Autre fait troublant dans cette affaire : selon Eliane Assassi, McKinsey a réalisé pour les autorités gouvernementales « *un Powerpoint et un petit carnet de 50 pages* » ayant pour thématique exclusive : l'épineux dossier de la réforme des retraites en France. Avec

au final, un projet de système universel mort-né en cours d'expertise. Le tout a été quand même facturé grosso modo
à 950.000 euros.

McKinsey a également facturé pour 235.620 euros la rédaction d'un bon guide du télétravail dans la fonction publique pour les managers. Le guide en ligne sur le https://www.modernisation.gouv.fr et dénommé « Télétravail et travail en présentiel a été réalisé pour aider les agents ainsi que les managers dans la « *mise en place du télétravail* ».

Le travail d'analyse en termes de
« matière grise » sur la réforme des APL a aussi coûté plusieurs millions d'euros aux contribuables. Le cabinet privé McKinsey France s'est fait payer 3,88 millions d'euros de boulot pour la réforme du mode de calcul, au niveau

informatique des aides personnalisées au logement (APL), et la baisse de l'allocation aux bénéficiaires de cinq euros.

La commission d'enquête sénatoriale n'est pas tendre envers le cabinet d'audit et conseil américain qualifiant l'« *arbitrage d'orienté* » sur le dossier des bonus-malus pour les cotisations d'assurance-chômage. L'arbitrage de McKinsey France, payé 327.060 euros, dévoile quatre plans d'action mais en distingue un très nettement dans le lot selon la commission d'enquête.

McKinsey a également su tirer son épingle du jeu durant la crise sanitaire avec 12,33 millions d'euros engrangés pour la campagne vaccinale liée à la lutte contre le Covid-19. Le tout en huit petits mois d'accompagnement.

Sans oublier une mission pour mettre en place une stratégie efficace pour sécuriser le versement des pensions alimentaires en 2019. 260.880 euros ont été déboursés pour ce travail.

De plus, les élus du Palais du Luxembourg ont relevé dans leur rapport *« un manque de culture juridique et plus largement du secteur public »*.

Une analyse quelque peu acidulée portée à l'encontre des salariés de McKinsey...

Chapitre 3 – McKinsey du « Pro Bono » au consulting

« Si quelqu'un vous donne ce qu'on appelle un bon conseil, faites le contraire. Neuf fois sur dix, vous aurez fait le bon choix. »
 Anselm Feuerbach

McKinsey est l'une des plus grandes entreprises de consulting de la planète...

Karim Tadjeddine était aux côtés d'Emmanuel Macron (ce dernier en sa qualité de rapporteur-adjoint) au sein de la Commission Attali, installée en août 2007 pour *« la libération de la croissance française »*, avec la proposition de réformes économiques à soumettre à Nicolas Sarkozy.

Le jeune énarque Macron ne passe pas ainsi inaperçu de la quarantaine de membres regroupés dans un cénacle d'initiés avertis, tous grands dirigeants ou experts aux nombreuses zones d'influence.

Parmi eux notamment, Eric Labaye, alors dirigeant de McKinsey en France qui côtoie le jeune inspecteur des Finances, Emmanuel Macron, âgé alors de 29 ans.

Le cabinet de conseil américain déploie aussi ses forces vives intellectuelles en « Pro Bono » (« pour le bien public ») en proposant gratuitement les services de ses consultants.
Comme cela est de coutume dans le milieu des cabinets de conseils.

Les prises de paroles de Karim Tadjeddine, 32 ans, sont également très remarquées. Le trentenaire à l'époque a déjà suivi les cours des deux plus grandes écoles de la République, Polytechnique et les Ponts et Chaussées.

Karim Tadjeddine connaît aussi comment se composent l'Etat et la maîtrise de ses rouages, après un passage de quatre ans à Bercy.

En 2010, Macron désormais banquier d'affaires chez Rothschild & Co et le consultant Karim Tadjeddine rejoignent tous les deux le conseil d'administration du Think Tank
« En Temps réel ».

En 2016, Macron rédige la préface du livre « *L'Etat en mode start-up* » de Thomas Cazenave, inspecteur des finances qui lui a succédé au sein de la commission Attali 2. Le même Thomas Cazenave est aussi à cette période le directeur adjoint de cabinet du ministre Macron.

De son côté, Karim Tadjeddine écrit le chapitre consacré aux réformes menées à l'étranger.

Emmanuel Macron, élu président en 2017, veut réformer l'appareil étatique. Il met sur pied une direction interministérielle à la transformation publique (DITP). Et qui pour la diriger ? Thomas Cazenave.

Pilier central de la réforme, il doit surveiller toutes les missions passées par l'Etat aux cabinets privés de conseil.

Pour sa part, Karim Tadjeddine assure les fonctions de codirecteur du département Secteur public au sein de l'organigramme de McKinsey.

Un poste ultra stratégique pour assumer les missions de commandes publiques et prestataire, entre autres, de la DITP.

Quelques mois auparavant sa prise de fonction à ce poste-clé au sein de McKinsey, Karim Tadjeddine aurait aussi participé de manière active à la campagne 2017 du candidat Emmanuel Macron.

Il était en charge de faire la comparaison entre différents prestataires pour le développement d'un site Web de campagne, comme en attestent des mails dévoilés sur la place publique par Wikileaks.

(From:cedric.o@en-marche.fr To: karim_tadjeddine@mckinsey.com Date: 2016-09-08 20:39 Subject: Re: Signature du devis au service de tous)

Chapitre 4 - Rapports réutilisés et réécrits

*« Les conseils valent ce qu'ils coûtent ;
c'est-à-dire rien. »*
Douglas MacArthur

La rapporteure de la commission d'enquête a également dénoncé des documents produits par McKinsey, où le logo de ce cabinet de conseil était absent de certains documents soumis.

« Le cabinet McKinsey a fait des copier/coller de documents qu'ils remettaient à d'autres pays que la France, comme en Australie (...) Ils changeaient simplement les chiffres. »

En somme comme l'explique la sénatrice Elia Assassi, les rapports ont été parfois réutilisés, réécrits dans une autre langue et quelque peu changés pour être revendus ensuite par le cabinet à d'autres exécutifs de gouvernement.

Eliane Assassi a aussi affirmé sur la chaîne *Public Sénat* que ces cabinets de conseil font le nécessaire pour fournir en quelques jours des centaines de pages de rapport « *en allant puiser dans leurs succursales installées* » à l'étranger comme notamment « *aux Etats-Unis* ».

Chapitre 5 - C'est aussi McKinsey qui...

« Nous promettons avec nos espérances et nous tenons avec nos déboires. »
Henry Becque

C'est aussi McKinsey qui a mis en œuvre le plan marketing commandé par les laboratoires de médicaments, *Purdue Pharma LP* et *Johnson & Johnson*, pour mettre à l'honneur des produits opiacés.

Des médicaments anti-douleurs qui utilisés de manière excessive auraient entraîné la mort de plus de 232 000 personnes aux Etats-Unis entre 1999 et 2018.

Le cabinet américain, stratège en bons conseils, a été contraint de plier sous le poids de la justice américaine et faire amende honorable en se délestant au passage de la somme de 573 millions de dollars. Mais le prestigieux cabinet US n'en est pas à ses premiers déboires.

En 2001, l'entreprise *Enron* met la clé sous la porte après avoir suivi les conseils proposés par McKinsey. Les consultants les ont maladroitement incités à déplacer leurs capitaux vers des activités de trading portant sur l'électricité et les matières premières.

McKinsey a aussi mal géré la crise économique de 2007 et 2008, en poussant les organismes bancaires à opérer pour leurs clients des transferts de leurs titres crédits immobiliers vers des créances soumises à l'hypothèque. Ce qui a débouché pour accroître les profits à l'augmentation des montants des dettes dans les bilans.

En 2012, Rajat Gupta, (directeur général de McKinsey sur la période allant de 1994 à 2003), a fait l'objet d'une condamnation de deux ans d'emprisonnement pour des délits d'initié.

En 2015, les consultants travaillant au sein du cabinet McKinsey, dans un document écrit de neuf pages, rapportent à l'Arabie Saoudite qu'un journaliste Khalid al-Alkami, qu'un internaute appelé Ahmad et le dissident Abdulaziz en exil sur le territoire canadien sont très critiques envers le gouvernement saoudien et sa politique de rigueur.

Des confidences mal venues qui vont amener à l'emprisonnement du journaliste Khalid al-Alkami ainsi que deux de ses frères.

En 2016, le *New York Times* évoque au grand jour un possible conflit d'intérêts entre les consultants du prestigieux cabinet américain de conseil et des fonds spéculatifs qui sont détenus par les propriétaires de McKinsey via le hedge fund MIO Partners. L'établissement a alimenté tout au long des années un fonds d'investissement en interne à hauteur de 5 milliards de dollars, qui devait gérer les actifs de ses ex-associés et actuels associés.

La firme a été aussi prise dans le scandale de la dégringolade soudaine sur le marché boursier du laboratoire canadien *Valeant Pharmaceuticals*.

En 2018, le cabinet McKinsey est également mouillé dans un scandale de corruption et de blanchiment d'argent où le nom de la famille Gupta en Afrique du Sud est défavorablement cité.

Influent clan originaire de l'Inde, les Gupta sont considérés être des proches de l'ancien chef de l'Etat sud-africain, Jacob Zuma.

Depuis, McKinsey a accepté de rendre à l'Afrique du Sud quelque 70 millions de dollars perçus avec le contrat passé avec l'entreprise publique sud-africaine du groupe énergétique, *Eskom*.

McKinsey a été poursuivi en Afrique du Sud pour avoir remporter des contrats publics par l'intermédiaire de partenaires locaux soupçonnés de corruption.

Conclusion :

« L'affaire McKinsey » est-elle un scandale d'Etat silencieux ? Et ce, malgré les fumets malodorants qui s'en dégagent et dénoncés par les opposants à Emmanuel Macron.

Ce sera à la justice de trancher si des investigations sont menées et si une instance judiciaire est saisie pour enquêter sur l'intégralité des faits et si surtout des actes délictueux de favoritisme, de corruption, et/ou de concussion ont été commis par une personne seule ou plusieurs personnes.

La mainmise du privé sur les hautes sphères de l'Etat est-elle réelle et aussi toxique pour notre République ?

Cette affaire va-t-elle connaître de nouveaux rebondissements inattendus dans les couloirs lambrissés des ministères ou peut-être ailleurs ?

Des soupçons de corruption, de possibles connivences, voire de juteux conflits d'intérêts, de fraudes fiscales à vérifier ou à effacer des accusations, de faux témoignages à confirmer ou infirmer et autres ramifications obscures à sonder et à clarifier, sont au cœur d'une affaire gênante qui tourmente le pouvoir à l'heure du bilan du premier quinquennat d'Emmanuel Macron. Ce dernier réfute déjà tout en bloc.

Par l'importance des achats par l'Etat de missions confiées à des cabinets privés de conseil, par l'opportunité discutable de certains travaux « de matière gris » entrepris, et par l'importance incongrue de certaines rémunérations pour les tâches effectuées, la justice voudrait tout simplement que le simple citoyen obtienne des explications claires et précises sur l'utilisation raisonnée des fonds publics qui sont alimentés par ses impôts et taxes.

Qu'aurait conseillé Nicolas Machiavel à McKinsey ? Cela peut-être : « *Il perd, celui qui sait ce qu'il va faire s'il gagne.*

35

Il gagne, celui qui sait ce qu'il va faire s'il perd. »

www.ingramcontent.com/pod-product-compliance
Lightning Source LLC
Chambersburg PA
CBHW051901250726
48659CB00006B/2336